Catherine Mauger-Trouiller

A la fenêtre de mon âme

Catherine Mauger-Trouiller

A la fenêtre de mon âme

Née à Valence en 1951, d'origine ardéchoise, l'auteure vit en Provence. Depuis sa plus tendre enfance, une ardente aspiration à la connaissance universelle l'anime et la conduit sur le chemin de la vie, suivant son fil d'Ariane intérieur. Sa quête de vérité et d'absolu en une constante orientation spirituelle est nourrie par l'amour de la Sophia, la beauté de la nature, la créativité par nécessité vitale, les rencontres humaines.

Dans un grain de sable
voir un monde
et dans chaque fleur des champs
le paradis
faire tenir l'infini dans la paume de la main
et l'éternité
dans une heure ».

William Blake

Petite je suis dans tous les sens du terme.

Un grand point d'interrogation m'habite, hérité d'un tréfonds de mémoires.

Je suis née en hiver, dans le berceau d'un monde dont je ne voulais pas. Avant même de pénétrer le jour, mon âme savait déjà qu'elle aurait à lutter, solitaire, dans la nuit froide et rude d'un monde qui n'est pas le sien.

Soumise au destin par décret divin, comme l'hellébore de Noël je me suis incarnée sous la poussée d'une force irrésistible.

Je suis tombée du ciel, tout comme le Petit Prince, entrée à contre cœur dans un désert de vie avec pour mission de prendre soin d'une rose.

Le mystère de la rose frappe à la fenêtre de notre âme...

L'appel du cœur du monde frappe à la porte de notre cœur...

Mais notre moi terrestre l'ignore.

Chaque jour l'âme boit une gorgée d'oubli à la coupe grisante des eaux du Temps...

« Je suis un étranger
parmi tous les peuples
en tous pays ».

J. Krishnamurti

Il peut arriver qu'une indéfinissable nostalgie, une inquiétude sacrée nous surprenne, telle une lame de fond charriant avec elle toutes les larmes du monde, puis se retire, abandonnant l'âme sur le rivage terrestre comme un coquillage vide empli du son de l'océan.

Troublant et pénétrant écho qui remonte, insistant, du puits sans fond de mon cœur :

« Cette maison n'est pas ta maison.

Tu n'es pas de ce monde ».

Les jours passent, les saisons passent, la ronde de la lune et des étoiles, la course du soleil levant au soleil couchant poursuivent leurs trajectoires.

D'année en année, de siècle en siècle, de vie en vie, ainsi mon âme pérégrine a cherché sa source dans les labyrinthes du monde...

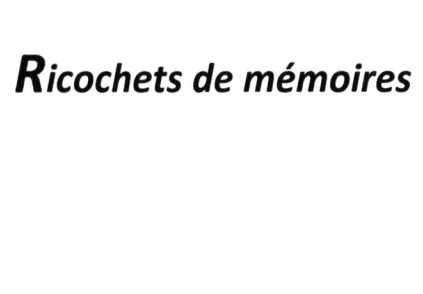

Ricochets de mémoires

Je revois une scène du film « Brewster Mc Cloud » vu dans un cinéma d'Art et d'Essai lorsque j'étais adolescente, qui a saisi mon cœur. On voyait le dos d'une jeune femme nue portant deux longues cicatrices d'ailes coupées. Un ange tombé du ciel !

Tel Icare, une part de nous-même brûle dans une fuite éperdue vers des lointains toujours.

Enflammée de désirs, l'âme se hâte encore et encore vers ses rendez-vous d'amour qui l'aimantent comme le papillon vers la lumière.

Un dimanche pascal

Traditionnel repas de famille teinté d'une douce chaleur qui rassure le cœur. Le soir venu, la maison refroidie, le cœur s'appesantit.

Je me revois adolescente, le front appuyé contre une vitre, exilée sur l'île de la mélancolie.

Les grains de sable du désert glissent entre les doigts. Impossibles à retenir.

Frappée de mutisme, l'âme s'isole, perdue dans la forêt inextricable des contraires, du blanc et du noir, des ombres et des lumières.

Les points d'interrogation s'alignent sans réponse : *« Est-ce là la vie ? Fuir ou bien rester ? Vivre ou bien mourir ? »*.

C'est ainsi qu'à vingt ans je quitte la maison familiale pour une impérieuse question de vie ou de mort.

L'oreille de mon cœur, toujours en alerte, subit le jour, la nuit, tous les désespoirs du monde. Elle perçoit infailliblement le cri jaillissant de l'enfer de notre condition humaine, *« le cri »* qui crève la toile du peintre norvégien Edvard Munch, ainsi décrit :

« Je me promenais sur un sentier avec deux amis - le soleil se couchait. Tout d'un coup le ciel devint rouge sang. Je m'arrêtais, fatigué, et m'appuyais sur une clôture. Il y avait du sang et des langues de feu au-dessus du fjord bleu-noir et de la ville. Mes amis continuèrent, et j'y restais, tremblant d'anxiété. Je sentais un cri infini qui se passait à travers l'univers et déchirait la nature ».

J'allume la radio pour écouter
comment va le monde.

Le monde va mal.
Il s'illusionne,
il souffre,
il pleure,
il crie de douleur.

J'éteins la radio.

Saigne mon cœur.

L'expérience vécue par myriades tambourine à la porte du pourquoi de toutes choses.

Que de labyrinthes parcourus dans les dédales des jardins de l'oubli, avant que ne reviennent, par bribes, des fragments de mémoires d'un jadis béni !

Que de courages aux croisées des chemins, hardi petit soldat ! brave petite chèvre de monsieur Seguin !

Rêves illusoires, épais brouillards suintant la peur, la souffrance et la mort, sillons profonds creusés dans le berceau des âmes.

Il y a des soirs barbouillés de suie. Une ombre noire furtive s'infiltre dans l'âme. Subjuguée, terrassée, l'âme pleure, impuissante, de s'être encore et encore laissée prendre au piège.

Luttes âpres, violentes, contre l'adversaire invisible savourant ses victoires !

Il y a des nuits criblées de trous noirs. Dans les circonvolutions du cerveau en fièvre s'agrippent en cortège des ombres pensées.

Tourments de l'âme qui lutte !

Limites atteintes, instants de crise prodigieuse où c'est Dieu, ou c'est le moi, qui triomphe.

Il y a des traversées de la nuit suivies d'aurores incandescentes.

L'âme est repêchée, tel Lazare ressuscité !

Miraculeux sauvetages !

« Ce qui embellit le désert
c'est qu'il cache un puits quelque part… ».

Le Petit Prince - Saint Exupéry

Il peut arriver que la grâce s'approche, sans bruit, touche l'âme de son doigt de lumière, saisisse le cœur en détresse.

Oui bien petite je suis, face au sacré révélé.

Une porte soudain s'entrebâille, telle une brèche ouverte dans un vieux mur en pierres qui laisse entrevoir un jardin de merveilles.

Ce matin je me suis mise à grandir tout d'un coup, non pas d'un saut de puce, mais bien d'un saut quantique. Alice au pays des merveilles a vécu l'expérience. Grandir, grandir jusqu'à devenir immense, perforant malgré moi le toit de l'espace-temps.

Ce matin, à l'éclat du jour, une colombe se profile sur le sol du salon inondé de lumière, les ailes déployées, prête à l'envol, un cœur ombré suspendu au-dessus de sa tête.

Etrangère à ce monde, elle s'affiche soudain, symbole d'éternité plaqué contre le sol.

Une secrète alchimie de matières lui a donné naissance, rayonnante réflexion de lumière sur un sol ordinaire.

La projection est née d'une conjonction d'atomes alignés par un souffle de vie qui a déposé silencieusement son sceau divin : l'encadrement d'une fenêtre ouverte, un dossier de chaise provençale, un rouleau de carton délaissé sur la table, le tout traversé par la lumière du soleil levant.

Mystérieuse alchimie divine !

« Le propre de la grâce
c'est de tomber dans nos becs
comme une goutte d'eau
qui nous dessoiffe
pour l'éternité ».

Christian Bobin

Inattendue, la grâce fait irruption dans l'âme et la met en relation avec un autre ailleurs.

Des images pensées soudain jaillissent, surgies d'un autre ciel. Elles apparaissent à la fenêtre de l'âme, défilent comme de lumineux nuages soufflés par un vent de tempête.

En cet instant précis, les morceaux de ma vie en un puzzle éclaté s'assemblent tous d'un coup. Ils s'ordonnent, telle une histoire enfantine « marabout-bout-de-ficelle », en unité parfaite, en un fondu enchaîné merveilleusement agencé, livre ouvert traduit par un ange.

Saisissante beauté !

Fraction d'éternité qui perfore le temps !

L'eau vive baptismale se déverse. Vannes ouvertes, elle s'épanche dans les canaux d'irrigation du sang.

Déluge céleste, raz de marée divin !

En overdose divine, l'âme peine à respirer.
La coupe déborde et se répand de tous côtés sous la pression de la vague déferlante.

Etrangement, le cœur émerveillé, dans un écrin de silence et de profonde paix enveloppé, s'étonne.

Bain de lumière qui pacifie.
Résurgence du cœur qui jaillit.
Courant de force pure qui guérit.

Joie ineffable !

Le bas couvercle du ciel ouvert laisse échapper l'ignorance.

La lumière en profite et afflue, révélatrice.

Je suis tout à la fois froideur, chaleur, douleur, joie, amour, haine, ombre et lumière.

Le multiple devient UN.
Plus de frontières,
fusion des contraires.

La mort et la vie enlacées dansent ensemble.
Un même Esprit de feu les unit.

Feu de l'Esprit !

Métamorphoses

Avant de voir…

Avant d'entendre…

Avant de comprendre…

Il y a toujours des AVANT…

et des APRES…

De retour de Chine, un ami français me rend visite une fin d'après midi paisible. Il me raconte son voyage, ses découvertes, ses rencontres.

Je l'écoute, attentive au visage qui trahit une émotion contenue.

Je vois sa physionomie s'animer par les paroles, se façonner par les paroles, se métamorphoser par les paroles.

Tous les atomes du visage soudain se dissocient comme éparpillés par une brise légère pour aussitôt s'assembler en une forme nouvelle.

Les yeux s'étirent en amande, minuscules et rieurs. Les pommettes deviennent plus saillantes et bombées comme de petites balles de ping-pong. La bouche plissée à peine ouverte sourit.

Devant moi le portrait vivant d'un chinois venu de Chine !

L'automne aujourd'hui

Je sors de ma retraite après deux jours de pluie, deux jours de réclusion librement consentie. Deux jours seulement ou peut-être un siècle…
Neutralisé, le moi s'est assoupi.
Mon âme a profité de l'éclaircie pour s'envoler sur un tapis volant ! Dieu quel royaume !

Le parc m'accueille dans ses bras grands ouverts, flamboyant de lumières et senteurs exhalées de la pluie, de papillons rescapés trop heureux de cette aubaine automnale. Un vieux pommier lâche ses fruits, généreux.

Telle une convalescente, j'avale air et lumière à grandes gorgées, le cœur vibrant dilaté au possible, les yeux aussi grands que le ciel. Je rentre à la maison, en fête. Dans mon sac quelques mendiants recueillis : deux glands dorés, deux marrons d'inde, un tout jeune fruit de magnolia tombé du nid. Complice, je souris à l'autre moi-même, petit enfant rené à la joie pleine.

Je sors enfermée dans ma bulle qui me colle à la peau.

Je vais et je reviens, enserrée dans un imperméable étanche que rien ne peut traverser.

Je sors délivrée de ma bulle, ouverte à l'univers de tous les possibles.

Je vais et je reviens, emmaillotée dans un manteau trop grand pour moi qui étreint le monde.

Les chemins ardéchois de mon enfance étaient bordés de mûriers aux larges feuilles rustiques, manne bénie des vers à soie.

Dans le secret, le ver à soie tisse son habit de lumière. L'unique fil d'or solaire se déroule et s'enroule en cocon, petit sarcophage de pure douceur où la mort transfigure la vie.

Eclatante fusion atomique !

Eclosion d'une nouvelle terre !
d'un nouveau ciel !

Rose du cœur

A la fine pointe du cœur
un atome,
un rien, un presque rien,
plus petit qu'un grain de millet
et cependant plus grand que l'univers,
un pur diamant enchâssé
dans sa coque de chair.

Trésor caché et oublié,
rescapé du paradis perdu,
dans le silence et dans la nuit,
attend son heure.

Tel un précieux codex dans une jarre enfoui,
au plus juste instant mis en lumière.

La rose ce matin m'annonce sa fin prochaine.

Sa robe rouge sang s'incline sur sa tige. Elle exhale un fort parfum d'agonie. Ses sépales ouverts en étoile, bras étendus, m'éclairent soudain sur le mystère de la croix.

Doucement, la vie se retire. Elle s'évapore en fines particules, s'offre à l'éther du monde.

La rose ce matin m'apprend l'humilité, l'abandon sans réserve à l'amour inconditionnel voué à son créateur, malgré une indifférence feinte.

« La rose est sans pourquoi ».

Angélius Silésius

La mort ?
une évaporation de matière.

La vie ?
une condensation de l'Esprit
dans la matière.

L'éternité ?
un omniprésent vivant.
L'éternité EST dans le temps.

Nature de la mort,
nature de la vie,
matière-Esprit ré-unis,
immuablement
l'ordonnance divine s'accomplit.

« Comme le couchant gagne en splendeur
seconde après seconde
et change sans cesse,
ainsi mon aspiration vers Toi grandit, toujours
plus intense,
toujours plus glorieuse.
Elle remplira le cœur des hommes,
jusqu'à ce qu'ils perçoivent Ta perfection ».

L'immortel ami - J. Krishnamurti

« Et c'est l'effort de toute une vie de faire
connaître et honorer son vrai Moi ».

Rabindranath Tagore

Mon cœur est un buisson ardent

qui brûle mais ne se consume.

C'est la fête de la renaissance !

Embrasée par le feu divin, l'âme se hâte vers son rendez-vous d'amour, son unique premier amour qui l'attend depuis toujours.

Confiante, reconnaissante dans son n'être plus rien, elle s'abandonne à Celui qui EST de toute éternité, qui lui chuchote à l'oreille :

« Ma grâce te suffit ».

Appelée par le cœur du monde, sous la pression d'une ardeur flamboyante, une vie nouvelle lui fait signe…

« ... fortifiés par son Esprit dans
l'homme intérieur ».

Paul aux Ephésiens 3 :16

Ainsi parle la voix du dieu intérieur :

« Libère l'Amour en cage,
ouvre tes écluses,
irrigue les champs assoiffés,
abreuve les cœurs en attente ».

« *C'est étrange, tout est prêt :*
la poulie, le seau et la corde…
Il rit, toucha la corde, fit jouer la poulie. Et la poulie gémit comme gémit une vieille girouette quand le vent a longtemps dormi.
- *Tu entends*, dit le Petit Prince, *nous réveillons ce puits et il chante*…
- J'ai soif de cette eau-là, donne-moi à boire…
Il but, les yeux fermés. C'était doux comme une fête. Cette eau était bien autre chose qu'un aliment. Elle était née de la marche sous les étoiles, du chant de la poulie, de l'effort de mes bras. Elle était bonne pour le cœur, comme un cadeau ».

Le Petit Prince - Saint Exupéry

L'Amour doit se communiquer, telle est sa raison d'être. Sa force irrépressible pousse à tout accomplissement.
La plante ensevelie sous le bitume le sait !

Racine du ciel, une mystérieuse et grandiose onde de choc se propage sur la terre, déploie une nuée ardente, lumineux manteau d'amour qui enveloppe le monde comme une mère aimante son enfant.

La liberté est là, si loin, si proche, semblable à un cerf-volant de lumière qui s'élève dans l'éther azuré. Dans son sillage, mille yeux éblouis, mille cœurs radieux accrochés.

Libre est l'envol des âmes oiseaux
dans la lumière du Soleil d'Or !

Bonheur

Le battement rythmique de l'horloge universelle vibre dans le mouvement accéléré des temps.

Le cœur du monde appelle le cœur divin humain :

> *Eveille-toi ô âme !*
>
> *Sors de ta léthargie !*
>
> *Sors de ton sommeil de mort !*
>
> *Secoue tes chaînes !*
>
> *Redresse-toi !*
>
> *Ne doute plus !*
>
> *Renais à la Vie !*

Au chevet de la rose qui languit,

l'âme-Esprit ressuscite la vie.

Ô Ame !

Souffle, souffle sur la cendre !
Attise, attise l'étincelle de feu

de toute ta force !
avec ardeur !

Et ne cesse, ne cesse,
ne cesse... jusqu'à la bonne heure.

Bonheur ?
une explosion atomique du coeur,
une réaction en chaîne qui se propage
jusqu'aux confins de la terre et du ciel.

Contagion des cœurs !
Reliance des âmes !
en un corps vivant universel.

Fraternité de la Vie !
Ame du Monde !

Voyage intérieur

« Tourne ton regard vers l'intérieur,
le secret se trouve en toi-même ».

Houei-neng

« Avec les yeux de ton cœur
tu verras un autre monde…
Je plongeai mon regard
en mon propre coeur,
là, je Le vis :
Il était nulle part ailleurs ».

Rûmi

Voici :

Faire une pause...

Faire silence...

S'y contraindre peut-être...

Ouvrir son cœur parfaitement.

Orienter à présent l'oreille intérieure sur ses battements rythmiques.

Ecouter... Ecouter...
Ecouter pulser son coeur...

De battement de cœur... en battement de cœur...

Quel trouble étrange !

Prodigieux mystère du divin pressenti !

Silence...

Laisser advenir la lumière qui révèle...

Laisser la divine sonde lumineuse descendre
au tréfonds de la grotte obscure du coeur.

Zones d'ombres, zones de peurs,
vertiges du vide...

Surtout... ne pas fuir...

Dans le silence et la lumière,
dans la retenue du cœur dilaté,
écouter la voix du maître intérieur,
après avoir livré le combat.

Laisser l'éternité descendre en soi.

Laisser l'éternité s'incorporer au temps.

Entrer à l'instant
dans le courant d'Amour universel de la Vie !

A la fenêtre de mon âme

Ma profonde gratitude à
Christian Bobin
François Cheng

des témoignages qui se partagent
comme du bon pain nourrissant
le coeur et l'âme...

Chère Catherine Mauger,

Le propre d'une révélation ce
n'est pas la noblesse sup-
posée de son messager, ni
même la brillance du
message — c'est qu'elle
nous ouvre le cœur, le
sort de sa case.
----   Je vous ai
lue avec plaisir, avec
intérêt aussi. A mon
tour de vous remercier,
. . . .

Amicalement,

Christian Bobin

Mars 2017

Chère Madame,
En raison de mon état de santé, j'ai dû cesser de répondre aux courriers. Ce mot bref pour vous remercier de me faire partager ces images inspirantes de la Vie que vos yeux ont su capter…
« Les yeux sont la fenêtre de l'âme ».
Bien amicalement à vous,
F. CHENG

Edition BoD - Books on Demand
12/14 rond-point des Champs Elysées
75008 Paris
Imprimé par BoD – Books on Demand, Norderstedt
ISBN 9782322139453
Dépôt légal : avril 2017